BEI GRIN MACHT SICH IHR WISSEN BEZAHLT

Handlungsfelder der Prävention

Bibliografische Information der Deutschen Nationalbibliothek:

Die Deutsche Nationalbibliothek verzeichnet diese Publikation in der Deutschen Nationalbibliografie; detaillierte bibliografische Daten sind im Internet über http://dnb.d-nb.de abrufbar.

ISBN: 9783346790910
Dieses Buch ist auch als E-Book erhältlich.

Einsendeaufgabe

Handlungsfelder der Prävention

abgegeben am 09.07.2022 im Prüfungssekretariat

SRH Fernhochschule – The Mobile University

Modul: Handlungsfelder der Prävention

Studiengang: B. Sc. Psychologie

Inhaltsverzeichnis

Abkürzungsverzeichnis

Allg.	allgemein
Aufl.	Auflage
BEM	betriebliches Eingliederungsmanagment
BGM	betriebliche Gesundheitsmanagment
bspw.	beispielsweise
BZgA.	Bundeszentrale für gesundheitliche Aufklärung
bzw.	beziehungsweise
d.h.	das heißt
ggf.	gegebenenfalls
GM	Gesundheitsmanager
Hrsg.	Herausgeber
https	Hybertext Transfer Protocol Secure
s.	Seite
u.a	unter anderem
usw.	und so weiter
Vgl.	Vergleiche
www	world wide web
z. B.	zum Beispiel

Genderhinweis

In der folgenden Arbeit wird aus Gründen der besseren Lesbarkeit auf die gleichzeitige Verwendung der Sprachformen männlich, weiblich und divers (m/w/d) verzichtet. Sämtliche Personenbezeichnungen gelten gleichermaßen für alle Geschlechter.

1. Aufgabe D1: Universelle Perspektiven der Prävention

Zu Beginn werden in diesem Kapitel die Begriffe Gesundheit und Krankheit dargelegt, um davon ausgehend den Begriff der Prävention zu erläutern. Eine kurze Betrachtung der universellen Perspektiven der Prävention folgt im Unterkapitel 1.2, bevor im folgenden Unterkapitel 1.3 die internen und externen Ressourcen in der Arbeitsorganisation dargestellt werden. Auf der Basis des Verständnisses des Kohärenzgefühls als Kernstück der Salutogenese wird im Unterkapitel 1.4 ein Beispiel aus einem betrieblichen Arbeitsalltag angeführt, an dem sich die Relevanz interner und externer Ressourcen für den Kohärenzsinn und die Zufriedenheit am Arbeitsplatz aufzeigen lassen. Das Kapitel wird mit Verbesserungsvorschlägen für den konkreten Fall unter Punkt 1.5 zur besseren Nutzung der Ressourcen abgeschlossen.

1.1 Begriffserklärung von Gesundheit, Krankheit und Prävention

Die wissenschaftliche Auseinandersetzung mit den Begriffen der universellen, individuellen und institutionellen Prävention setzt zunächst eine Definition von Gesundheit und Krankheit voraus. Zu beiden Konzepten liegen eine Vielzahl unterschiedlicher Definitionen vor. Als Idealnorm ist die Definition von Gesundheit der Weltgesundheitsorganisation bis heute gültig: „Die Gesundheit ist ein Zustand des vollständigen körperlichen, geistigen und sozialen Wohlergehens und nicht nur das Fehlen von Krankheit oder Gebrechen."[1]

---

[1] Weltgesundheitsorganisation (2014), S.1.

4

Gesundheit wird in dieser Definition als ein ganzheitlicher, vollständig positiver Zustand verstanden. Gleichermaßen werden das körperliche, psychische und soziale Wohlbefinden betrachtet sowie die Einflüsse der (sozialen) Umwelt mitberücksichtigt.

Die Bundeszentrale für gesundheitliche Aufklärung definiert den Begriff der Krankheit wie folgt: „Krankheit ist im engeren medizinischen Sinn Behandlungs- und/ oder Pflegebedürftigkeit."[2] Und weiter: „Krankheitsprävention (oft verkürzt auch nur Prävention) bezeichnet alle Eingriffshandlungen, die dem Vermeiden des Eintretens oder des Ausbreitens einer Krankheit dienen."[3]

Das US-amerikanische Verständnis von Gesundheit und der Public Health-Sektor hat die Aufteilung in universelle, individuelle und institutionelle Krankheitsprävention stark beeinflusst. Die Einstufung von Präventionsmaßnahmen richtet sich hauptsächlich nach der Spezifität und dem Grad des Risikos. In Deutschland findet diese Klassifikation seit den 2000er Jahren zunehmend Beachtung, vor allem in den Bereichen Suchtprävention und Public Health. Alle drei Kategorien, die universelle, individuelle und institutionelle Prävention, umfassen die Bereiche der Vorsorge, Früherkennung, Behandlung, Pflege und Rehabilitation.[4]

1.2 Begriffserklärung der universellen Perspektive der Prävention

Universelle Prävention richtet sich immer an die gesamte Bevölkerung. Prävention impliziert vorbeugende Maßnahmen mit der Zielrichtung der Wahrung von Gesundheit. Gesundheitsförderung und Präventionsmaßnahmen sollten vor dem Hintergrund der universellen Prävention kombiniert werden und sich gegenseitig ergänzen. Impfberatung und schulische Drogenaufklärung sind typische Beispiele universeller Präventionsmaßnahmen. Die flächendeckende Umsetzung der Suchtprävention ist in Deutschland vor allem Aufgabe der Bundeszentrale für gesundheitliche Aufklärung (BZgA). Ein Beispiel für eine

---

[2] Franzkowiak (2018).
[3] Hurrelmann, Klotz, Haisch (2014), S.14.
[4] Vgl. Franzkowiak (2022).

beliebte und erfolgreiche Aktion der BZgA ist die Präventionsmaßnahme „Alkohol? Kenn dein Limit."[5]

1.3 Interne und externe Ressourcen in der Arbeitsorganisation

Udris, Kraft, Mussmann und Rimann (1992) bezeichnen Ressourcen, als „personale, soziale und organisationale Bedingungen, die es dem Menschen erlauben, seine Leistungsfähigkeit und Gesundheit in der Arbeit zu entwickeln und gegen potenziell beeinträchtigende und krankmachende Einflüsse zu stabilisieren."[6] In der aktuellen Einsendeaufgabe werden sowohl die persönliche als auch die soziale und organisatorische Perspektive der Ressourcen berücksichtigt. Nach Udris und Rimann (2000) wird im Folgenden zwischen externen und internen Ressourcen unterschieden.

Die externen Ressourcen werden unterteilt in die organisationalen Ressourcen und soziale Ressourcen. In Anlehnung an Richter und Hacker (1998) gehören zu den organisationalen Ressourcen u.a.:

- Vollständige Tätigkeitsstruktur
- Handlungs- bzw. Tätigkeitsspielraum
- Aufgabenvielfalt
- Qualifikationspotenzial
- Partizipationsmöglichkeiten
- Zeitelastizität

Diese externen Ressourcen sind betriebliche oder berufsbezogene (Arbeits-) Bedingungen oder Hilfsmittel, die „es einer Person erleichtern können, mit den Anforderungen bei der Arbeit zurechtzukommen".[7]

Soziale Ressourcen bilden die sozialen Beziehungen, in die Subjekte eingebunden sind, aus denen emotionale, kognitive und instrumentelle

---

[5] Vgl. BZgA (2018).
[6] Udris, Kraft, Mussmann, Rimann (1992).
[7] Udris, Rimann (2000), S.132.

Unterstützung bei der Bewältigung spezifischer Probleme kommen können. Unter die soziale Betrachtung der externen Ressourcen fallen:

- Unterstützung durch Kollegen
- Unterstützung durch Vorgesetzte
- Unterstützung durch den Partner
- Unterstützung durch andere Personen
- Ein positives Sozial- und Arbeitsklima

Interne oder personale Ressourcen sind „habitualisierte, d.h. situationskonstante, aber zugleich flexible gesundheitserhaltende und Gesundheit wiederherstellende Handlungsmuster sowie kognitive Überzeugungssysteme der Person, die differentialpsychologisch als Persönlichkeitskonstrukte beschrieben werden"[8] Diese können Stress vorbeugen und/oder die Gesundheit positiv beeinflussen und unterstützen. Zu den internen Ressourcen zählen zum Beispiel:

- Kohärenzerleben
- Selbstwirksamkeit
- Wissen, Kompetenz
- Bewältigungsstile
- Belastbarkeit

Es muss zu jedem Zeitpunkt davon ausgegangen werden, dass zugängliche außenstehende Ressourcen nur im Zusammenspiel mit den internen Ressourcen verwendet werden können. Ohne Selbstvertrauen kann auch aus den besten externen Ressourcen kein Nutzen gezogen werden.[9]

Eine Grundlage für die Erhaltung von Gesundheit ist das Konzept der Salutogenese von Antonovsky. Die Gesundheitsförderung orientiert sich an Antonovskys Idee der Salutogenese. Der Begriff Salutogenese setzt sich aus

---

[8] Udris, Rimann (2000), S.132.
[9] Vgl. Viehhauser (2000).

dem lateinischen Wort salus (deutsch: Gesundheit) und dem griechischen Wort genesis (deutsch: Entstehung) zusammen und bedeutet so viel wie „Gesundheitsentstehung" oder „Ursprung von Gesundheit". Es wurde von dem Soziologen Aaron Antonovsky (1923-1994) als Gegenbegriff zum Terminus Pathogenese eingeführt. Die Salutogenese fokussiert sich hauptsächlich auf die Entstehung und Erhaltung von Gesundheit. Im Zentrum des Modells stehen die Fragen, was einen Menschen gesund erhält, welche Faktoren Gesundungsprozesse fördern und warum trotz gesundheitsgefährdender Einflüsse manche Menschen nicht krank werden.[10] Antonovsky versteht Gesundheit und Krankheit nicht als Gegensätze. Diese stellen viel mehr Extrempunkte eines sich ständig bewegenden Kontinuums dar. Auf dieses Kontinuum wirken drei Bereiche. Die Widerstandsressourcen, der Kohärenzsinn und die gesellschaftlichen Voraussetzungen und Ressourcen. Die Salutogenese konzentriert sich auf die Leifragen, was hält einen Menschen gesund, wie entsteht Gesundheit und wie kann diese gefördert werden.[11] „Widerstandsressourcen können als Kräfte verstanden werden, die Menschen dazu befähigen, potenziell krankmachende Einflüsse zu bewältigen, ohne zu erkranken. Diese werden nach Antonovsky (1979) schon in der Kindheit und Jugend gebildet."[12]

1.4 Fallbeispiel „Kohärenzerleben"

Nach Aaron Antonovsky ist das Kohärenzgefühl ein Kernstück der Salutogenese.[13] Das Lexikon der Psychologie definiert es als „eine globale Orientierung, die ausdrückt, in welchem Maße man ein durchgehendes, überdauerndes und dennoch dynamisches Gefühl der Zuversicht hat, dass (1) die Ereignisse der inneren und äußeren Umwelt im Laufe des Lebens strukturiert, vorhersehbar und erklärbar sind; (2) die Ressourcen verfügbar sind, um den durch diese Ereignisse gestellten Anforderungen gerecht zu werden; und (3)

---

[10] Vgl. Bengel, Strittmatter, Willmann (1998), S. 142.
[11] Vgl. Faltenmaier (1999).
[12] Hammelstein (2006), S.15.
[13] Vgl. Faltenmaier (1999).

diese Anforderungen als Herausforderungen zu verstehen sind, die es wert sind, sich dafür einzusetzen und zu engagieren (Antonovsky, 1987). Diese drei Komponenten bestimmen den Inhalt dieser Lebensorientierung."[14] Mit dem Kohärenzgefühl ist kein Gefühl im engeren Sinne, sondern ein Einstellungsmuster gemeint, die Welt in einer bestimmten Weise zu betrachten. Es setzt sich aus drei Komponenten zusammen: Verstehbarkeit, Handhabbarkeit und Bedeutsamkeit.

Die Verstehbarkeit bezieht sich auf die Wahrnehmung der inneren und äußeren Umwelt. Die Fähigkeit und Erwartungshaltung Informationen geordnet, strukturiert und konsistent zu verarbeiten, bzw. zu vermitteln. Dies beeinflusst auch Ereignisse, die in der Zukunft liegen. Die Fragen nach dem Ordnen, dem Strukturieren des Erlebten, nach dem Erkennen möglicher Muster können dieser Komponente zugeordnet werden, um ggf. eine weitere Entwicklung vorauszusehen.

Die Handhabbarkeit beschreibt die Grundlage eines Menschen hinsichtlich seiner generellen Einstellung zu Problemlösungen. Die Bewältigung von Herausforderungen kann aus eigener Kraft oder mit Hilfe anderer zur Verfügung stehender Ressourcen erfolgen. Ein hohes Maß dieses Potentials trägt dazu bei, dass Menschen negative Erlebnisse bewältigen können. Die hiermit verbundene Überzeugung, Ereignisse besser bewältigen zu können, gewährt es dem Individuum, z.B. einen auftretenden Trauerprozess schnell und effektiv zu überwinden.

Die Bedeutsamkeit/ Sinnhaftigkeit beschreibt das Ausmaß, in dem der Mensch das Leben als emotional sinnvoll empfindet. Antonovsky bezeichnete diese motivationale Komponente als wichtigste der dreien. Mit ausbleibender Erfahrung der Sinnhaftigkeit und ohne eine positive Aussicht bzw. Zukunftssicht im Leben, werde kein hoher Wert des Kohärenzgefühls erreicht.[15] Übertragen auf den

---

[14] Wirtz (2017), S.904.
[15] Vgl. Bengel, Strittmatter, Willmann (1998), S.28-30.

Arbeitsprozess bedeutet dies, dass für eine präventive und gesundheitsförderliche Gestaltung des Arbeitsplatzes die Beschäftigten das Gefühl benötigen, dass die ihnen gestellten Aufgaben und ihre Rolle im Arbeitsprozess sinnvoll sind.[16]

Im Folgenden soll ein Beispiel aus dem betrieblichen Umfeld aufgeführt werden und die Bedeutung der internen Ressource, dem Kohärenzsinn in den Vordergrund gestellt werden. Das Fallbeispiel basiert auf einem geführten Interview mit der siebzehnjährigen Jutta, die nach ihrem erfolgreichen Abschluss der mittleren Reife eine Lehrstelle als Veranstaltungskauffrau begonnen hat.

Ebene der Verstehbarkeit:
Jutta berichtete, dass sie anfänglich keine Motivation verspürte, nach ihrem Abschluss direkt in eine Lehre zu gehen. Sie wollte eigentlich zunächst ins Ausland gehen, um Lebenserfahrungen zu sammeln. Sie zeigte sich daher gegenüber ihren Arbeitskollegen sehr verschlossen und kein Interesse an persönlichen Kontakten. Auch spürte sie eine große Ablehnung sowie einen starken Widerwillen gegenüber ihren Aufgaben im Betrieb.
Mittlerweile sei sie allerdings stolz darauf, die Lehre nicht abgebrochen zu haben. Sie verstehe nun auch, warum es für sie persönlich von Vorteil gewesen sei, direkt nach dem mittleren Schulabschluss in die Lehre gegangen zu sein. Sie habe erkannt, durch ihre Ausbildung auf den Veranstaltungen viele interessante Menschen kennenzulernen und auch dank ihrer Arbeit geschäftlich verreisen zu können. Im Interview erklärte sie, dass es eine Chance für sie gewesen sei, ihrem Leben mit der Lehre eine bestimmte Richtung zu geben, erstes Geld zu verdienen und dass sie sich mittlerweile sehr wohl und aufgehoben fühle.

Ebene der Handhabbarkeit:
Juttas Bezugsperson in der Arbeit berichtete, dass gerade die kreativeren Aufgaben für Jutta am Anfang sehr schwer waren. Sie brauchte viel

---

[16] Vgl. Cernavin, Schröter, Stowasser (2018), S.472.

Unterstützung, Anleitung und Ideenkonzepte seitens ihrer Kollegen. Außerdem waren viele Einzelgespräche mit ihrer Mentorin notwendig, um sie so zu motivieren bzw. zu fördern, dass sie heute den beruflichen Anforderungen gewachsen sei und diese bewältigen kann. Zurzeit zeige Jutta viel Eigeninitiative und gebe sich viel Mühe, die Aufgaben der Lehre selbständig zu bewältigen.

Ebene der Bedeutsamkeit:
Für Jutta war die viele anfängliche und umfassende Unterstützung seitens der Mentorin und den anderen Kollegen von großer Bedeutung, berichtete die Bezugsperson von Jutta in dem Interview. Unterstützend zu der Aussage sagte Jutta in einem Nebensatz, dass sie sich nach ihrer Schulzeit mittlerweile in der Lehre willkommen und geschätzt fühle. Sie suche aktiv den Kontakt und die persönliche Beziehung zu den Betreuern und sei auch in der Lage, diese zu pflegen.

1.5 Handlungsempfehlungen zum Fallbeispiel

Um die Kohärenz von Jutta in ihrem neuen Arbeitsumfeld zu stärken und ihre Überzeugung zu festigen, die Lehre im Betrieb auch erfolgreich beenden zu können, ist es wichtig, die motivationale Komponente weiter auszubauen. Aufgabenstellungen, die zu einem größeren Veranstaltungsprojekt der Zukunft gehören, für das sie in einem bestimmten Rahmen auch mitverantwortlich zeichnet, könnten sich sinnstiftend auswirken. Einerseits hat sie durch eine zugewiesene Projektarbeit die Möglichkeit, bereits gelernte Abläufe einzubringen, andererseits arbeitet sie in einem Team gemeinsam auf ein Ziel hin. Sie kann somit ihre Aufgaben als sinnvoll und befriedigend einordnen und durch die Kooperation mit erfahreneren Kollegen weitere Fähigkeiten erlernen.

Auch kann sie an dieser beruflichen Herausforderung in einem geschützten Rahmen erleben, wie sie mit ihren neuen Fähigkeiten in der Lage ist, neue und größere Aufgabenstellungen, trotz zu erwartender Probleme, gemeinsam im Team erfolgreich bewältigen zu können.

Das Aufzeigen organisationaler Ressourcen auf Basis eines Zeitplans des Projektes, aus dem die Aufgabenstellung, Einbindung der Kompetenzen von Jutta und der gesetzten Zielvorgaben hervorgehen, würde im Vorfeld der Klärung von Aufgabenübertragungen dienlich sein und auch das Gefühl von Sicherheit und Wertschätzung von Jutta stärken. Organisationale Transparenz stärkt die internen Ressourcen des Mitarbeiters.

Empfehlenswert ist eine regelmäßige kritische Rückmeldung der Mentorin, die die Stärken und auch Schwächen gegenüber der Auszubildenen spiegelt, um dieser eine Orientierung zu bieten. Dabei sollte die Mentorin in der Kommunikation von kritischen Feedback-Gesprächen geschult sein, um Kritik ohne persönliche Verletzungen äußern zu können. Eine solche Zwischenbilanz an alle betrieblich Involvierten im Projekt kann bereits in Phasen vorab eingebaut werden und Verlässlichkeit bieten.

Förderlich für die Kohärenz von Jutta ebenfalls ist der Ausblick, betrieblich übernommen zu werden und dadurch weitere Stabilität und Planungssicherheit im Leben zu erfahren. Auch würde Jutta nach erfolgreichem Abschluss ihrer Lehre Ausblick auf ein höheres Gehalt bekommen, was sich wiederum auf die Wohnsituation, die Anschaffung eines Autos oder private Reisen auswirken könnte. Auch Ausgaben für sportliche Aktivitäten, die Anschaffung eines Haustieres, die Ausgaben für Kleidung und Kosmetik sowie private Unternehmungen mit Freunden wären gewährleistet und würden insgesamt ihre Zufriedenheit steigern.

2. Aufgabe D2: Individuelle Perspektiven der Prävention

Im folgenden Kapitel wird zunächst eine Begriffserläuterung der individuellen Perspektiven der Prävention vorgenommen. Hiernach wird im Unterkapitel 2.2 auf das Gesundheits- und Patientencoaching eingegangen, bevor im Unterkapitel 2.3 Coachingaufgaben im „patientenfernen Bereich" vorgestellt werden. Das Kapitel schließt mit einer Darstellung eines konkreten Beispiels ab, an dem die zuvor vorgestellten Coachingaufgaben erläutert werden.

2.1 Begriffserklärung individuelle Perspektiven der Prävention

Bezogen auf das Gesundheits- und Patientencoaching versteht man unter der individuellen Perspektive der Prävention „das Schaffen von Bedingungen, die den Einzelnen (z.B. Patienten) ermächtigen, ein eigenverantwortliches und selbstbestimmtes Leben zu führen."[17] Zu den Bedingungen zählen u.a. ungünstige Bedingungen am Arbeitsplatz sowie im Privatleben. Der Patient soll also durch seine eigene Verhaltensweise gewährleisten, dass therapeutische Maßnahmen erfolgreich durchgeführt werden können, um Langzeit- und Folgeerkrankungen vorzubeugen, oder die Wahrscheinlichkeit einer Krankheit zu verringern.

2.2 Gesundheits- und Patientencoaching

Um die genannten Maßnahmen durchführen zu können, muss die Person hierfür zuvor befähigt (worden) sein. Dies ist der Aufgabenbereich des Gesundheits- und Patientencoachings. „Zu einer Beratungsanfrage kommt es in der Regel dann, wenn das Kundensystem der Überzeugung ist, es brauche zur Bearbeitung bestimmter Anliegen Hilfe von außen."[18]

Hilfebedürftige müssen nach eigenem Ermessen einen Coach hinzuziehen. Der Begriff des Coachs ist sprachgeschichtlich seit Mitte des 16. Jahrhunderts in der englischen Sprache nachgewiesen und bedeutete Kutsche oder Kutscher. Mitte des 19. Jahrhunderts wurde der Begriff im universitären Bereich erstmalig umgangssprachlich für die Bezeichnung eines Tutors verwendet. Dies bereits hinsichtlich der Vorbereitung auf Prüfungen als auch auf sportliche Wettbewerbe.[19] Der Begriff Coaching kommt vorrangig aus dem Spitzen- bzw. Leistungssport, wo der Coach Sportler trainiert und betreut, um physisch deren Bestleitung zu formieren. Dabei stehen neben der fachlichen Betreuung auch die Stärkung von Motivation und Psyche im Mittelpunkt der begleitenden Ausbildung.

---

[17] SRH Fernhochschule (2016), S.9.
[18] Lippmann (2006), S. 14.
[19] Vgl. Michel, Bickerich (2016), S.574.

Coaching wird als eine professionelle Beschaffenheit individueller Beratung im beruflichen Kontext definiert, dass eine Gesamtdauer von einigen Monaten bis zu mehreren Jahren umfassen kann.

Neben dem Spitzen- und Leistungssport gibt es weitere Bereiche, in denen das Coaching Anwendung findet. Insbesondere in Unternehmensorganisationen und im beruflichen Kontext wird das Coaching seit den 1970er Jahren in den USA und seit Mitte der 1980er Jahren in Deutschland als Instrument der individualisierten Führungskräfteentwicklung eingesetzt.[20]

Das Business Coaching wird als prozessorientierte und begleitende Beratung angewendet. Der Fokus liegt auf der beratenden Unterstützung von Mitarbeitern zur Realisierung eines selbstbestimmten Entwicklungsprozesses. Es trägt dazu bei, Führungskräfte leistungs- und führungsfähiger zu machen und ihnen in ihrer zunehmend anspruchsvollen Rolle zu assistieren. Das Business Coaching unterteilt sich in das Führungskräftecoaching, das Teamcoaching sowie das Unternehmenscoaching. Auch im Bereich der Personalentwicklung stellt Coaching ein wertvolles Instrument dar.[21]

Speziell das Patientencoaching im Gesundheitssektor „dient dem Zweck, die Therapietreue (Compliance, Adherence), die aktive Mitwirkung und das Selbstmanagement der Patienten bei der Bewältigung ihrer Krankheit unter Berücksichtigung individueller Präferenzen zu fördern."[22] Der Patient soll den Anweisungen des Coaches Folge leisten (Compliance) und das Verhalten auch über einen längeren Zeitraum beibehalten (Adherence).[23]

Der Wunsch, sein Leben gesundheitsbewusst auszurichten, hat zu mittlerweile zu einer unübersichtlichen Vielfalt an Dienstleistungen und Produkten im Gesundheitssektor geführt. Das Angebot reicht dabei vom Fitnesscenter bis zum

---

[20] Vgl. Michel, Bickerich (2016), S. 575.
[21] Vgl. Backhausen (2017), S. 1-3.
[22] Dr. Meyer-Lutterloh (2010).
[23] Vgl. Schmid, Weatherly, Meyer-Lutterloh, Seiler, Lägel (2008), S.73.

Reformhaus und bietet für einen Coach ein weites Betätigungsfeld. Dieser kann sich auf spezielle Beratungsanforderungen in den Bereichen, wie z.b. Bewegung, Sport und Ernährung ausrichten.

Gesundheitsorientierte Beratung erfordert eine gute Ausbildung und die Fähigkeit zur persönlichen Risikoanalyse. Dazu muss ein Coach sich mit einem Gesundheitsdienstleister, einem medizinischen Leistungsträger, in Verbindung setzen und gute Kenntnis über dessen Risikoanalysen haben. Das Gesundheitscoaching ist ein Teilwissen und Beratungsanteil des Patientencoachings, wobei die Aufgabenfelder ineinanderfließen. Der Gesundheitscoach muss über Krankheiten, der Patientencoach über Prävention und den Aufbau bzw. Erhalt eines gesunden Lebens Bescheid wissen.[24]

2.3 Coachingaufgaben im „patientenfernen Bereich"

Die im vorherigen Kapitel beschriebenen Aufgaben eines Coaches gehören zum „patientennahen Bereich". Dagegen gehören zum „patientenfernen Bereich" z.B. Koordinationstätigkeiten, Bedarfsermittlungen und Bewertungen von Versorgungsnetzen sowie Orientierungshilfen in einem sich immer wieder verändernden Gesundheitssystems.[25] Letzteres ist eine der wichtigsten Aufgaben im patientenfernen Bereich. Dem Klienten fehlen vorwiegend die fachlichen Fakten, das Wissen um die gesetzlichen Grundlagen oder der Kontakt zu den Leistungserbringern. Der Coach dient an dieser Stelle als Informationsvermittler zwischen seinen Kunden und den Akteuren des Gesundheitssystems.[26]

Im folgenden Abschnitt wird die Aufgabe eines Coachings aus einem patientenfernen Bereich, das Orientierungshilfen in einem sich verändernden Gesundheitssystems bietet, anhand eines Beispiels erläutert.

---

[24] Vgl. Schmid, Weatherly, Meyer-Lutterloh, Seiler, Lägel (2008), S.28.
[25] Vgl. SRH Fernhochschule (2016), S.5.
[26] Vgl. SRH Fernhochschule (2016), S.55.

2.4 Coachingaufgabe „Orientierungshilfe"

In erster Linie liegt es in der Verantwortung des Dienstleisters, den Kunden im Rahmen eines breit angelegten und verständlichen Informationsprozesses Orientierungshilfe zu bieten. Diese haben allerdings oftmals zu wenig Ressourcen, fehlende und fachfremde Kenntnisse über neue, bzw. alternative Behandlungsmethoden.[27] An dieser Stelle bieten die Leistungen eines Coaches als Informationsvermittler eine große Unterstützung, da dieser über die entsprechenden Ressourcen verfügt, um die notwendigen Informationen individuell für den Klienten herauszusuchen. Zudem verfügt der auf diesen Bereich spezialisierte Coach über Kenntnisse der Behandlungsmöglichkeiten genau in der speziellen Versorgungsregion. Hierfür wird meist ein persönliches Gespräch mit dem Patienten gesucht, um dessen Situation, leitende Werte und Interessen zu ermitteln.[28]

Beispielhaft soll der Fall von Mariele K. (60 Jahre) angeführt werden, die nach einem Sturz im eigenen Haus einen Oberschenkelhalsbruch erlitten hat und nach erfolgreicher Operation aufgrund der knappen Bettenbelegung und vor dem Hintergrund der anhaltenden Pandemie frühzeitig in eine Rehamaßnahme entlassen werden soll.

Unter Einbeziehung eines Coaches klärt dieser zwischen der Krankenkasse der Betroffenen und Rehaeinrichtungen in der Region, die Möglichkeiten für eine zeitnahe gesundheitsförderliche Maßnahme in einer Einrichtung, die sich auf die Heilung von Brüchen und den notwendigen Muskelaufbau spezialisiert hat. Dafür kennt er zum einen die regionalen Anbieter, die sich auf diese Erfordernisse und auf die Aufnahme von älteren Personen spezialisiert haben. Er wägt die Entscheidung zwischen ambulanten Anbietern und stationären Institutionen ab, bedenkt die erforderlichen Maßnahmen in Abwägung des zeitlichen Ansatzes, um eine individuell abgestimmte Empfehlung abzugeben. Im konkreten Fall

---

[27] Vgl. Bebenburg, M. (2008), S.44.
[28] Vgl. Menning, M. (2011), S.64 ff.

empfiehlt der Coach eine vierwöchige Einweisung in eine stationäre Klinik, die im näheren Umkreis des Wohnortes von Frau K. gelegen ist und sich auf ältere Personen mit Brüchen spezialisiert hat.

Im Anschluss geht es um die materielle Hilfestellung zu Hause bei der Patientin, deren Schlafzimmer sich in der 1. Etage des Hauses befindet und die nach Entlassung aus der stationären Maßnahme noch auf ein besonders funktionales Krankenbett im Erdgeschoss angewiesen ist. Auch hier klärt der Coach den erforderlichen Bedarf, steht in Kontakt mit den zuständigen Leistungsträgern, während die Patientin in der Reha ist. Begleitend wird eine ambulante Maßnahme gefunden, die Frau K. sowohl noch vier Wochen während ihrer Krankschreibung zu Hause durchführen wird, als auch noch vermindert in der ersten Zeit ihres Arbeitsbeginns aufrecht erhalten wird.

Mit dem Arbeitgeber unterhält der Coach ein Gespräch über einen vorübergehend veränderten Arbeitsplatz für Frau K., die nach zwei Monaten betrieblicher Abwesenheit mit einem geschienten Bein nicht mehr, wie zuvor am Fließband arbeiten kann. Hier müssen Maßnahmen getroffen werden, die eine Wiedereingliederung auf einem Posten ermöglichen, der eine sitzende Position zulässt.

Der Coach bietet eine umfassende Orientierungshilfe für die Kundin, sich nach einem Unfall wieder persönlich und betrieblich zurecht zu finden. Dafür unterhält er Kontakt zu den unterschiedlichsten Leistungsträgern, dem Arbeitgeber und Anbietern von Gesundheitswaren, die für den Übergang vom Unfall bis zu einem geregelten Alltags- und Arbeitsablauf für die Patientin wesentlich sind.

3. Aufgabe D3: Institutionelle Perspektive der Psychologie

Bei der institutionellen Perspektive der Psychologie steht vor allem das betriebliche Gesundheitsmanagement (BGM) im Vordergrund. Um die Leistungsfähigkeit einer Arbeitsorganisation zu sichern, sind gesunde Mitarbeiter essenziell für ein Unternehmen. Die Herausgeber des Buches „Prävention 4.0" haben drei essenzielle Punkte aus Sicht des Arbeitgebers aufgezeigt, um gesunde und sichere Arbeitsbedingungen am Arbeitsplatz zu schaffen:

1. „stärkere Berücksichtigung psychischer Belastungsfaktoren im Hinblick auf eine praxisorientierte betriebliche Arbeitsgestaltung,
2. die Vermeidung andauernder Über- und Unterforderung durch Personalentwicklung und unterstützende betriebliche Systeme sowie
3. ein verantwortungsvoller Umgang mit Arbeitszeit und Freizeit, um Anspannung und Entspannung im Wechsel zu kombinieren sowie die persönlichen gesundheitsbezogenen Ressourcen zu aktivieren."[29]

Des Weiteren können sich Unternehmen über das BGM Unterstützung einholen, die zum Erhalt und Förderung der Gesundheit und Leistungsfähigkeit ihrer Mitarbeiter am Arbeitsplatz beitragen. Dieses beinhaltet zum einen den Aufbau betrieblicher Strukturen und zum anderen die systematische, zielorientierte und kontinuierliche Steuerung aller betrieblichen Prozesse mit dem Ziel, gesundheitsgerechte Arbeitsbedingungen zu gestalten. Zusätzlich soll das individuelle Verhalten der Mitarbeiter so verändert werden, dass es gesundheitsförderlich(er) ist. Dabei gilt es, streng zwischen gesetzlichem Arbeits- und Gesundheitsschutz sowie betrieblichem Eingliederungsmanagement (BEM) einerseits und freiwilliger betrieblicher Gesundheitsförderung andererseits zu unterscheiden.[30]

Gesundheitsmanager (GM) arbeiten nicht nur in Unternehmen, sondern auch für medizinische Einrichtungen, Behörden, Krankenkassen, die Ärztekammer und für kassenärztliche Vereinigungen. Oftmals wird in einem Betrieb entweder eine Führungskraft auch mit der Rolle des Gesundheitsmanagers beauftragt oder aber ein Experte für diesen Aufgabenbereich eingestellt.[31] Der Gesundheitsmanager dient in erster Linie als Vermittler, Organisator und

---

[29] Cernavin, Schröter, Stowasser (2018), S.188.
[30] Vgl. Cernavin, Schröter, Stowasser (2018), S.189.
[31] Vgl. Schröder-Kunz (2019), S.94.

Ansprechpartner für das Management als auch für die Mitarbeiter. Zu seinen konkreten Aufgaben gehören: Das Entwerfen und analysieren von betrieblichen Prozessen, die Kontrolle und Rekrutierung von Mitarbeitern und die Kommunikation mit anderen Gesundheitsbehörden sowie die Konzeption und Durchführung von Maßnahmen zur Gesundheitsförderung. Zudem dient er auch als Ansprechpartner für gesundheitsbezogene Anliegen.

Zu den Soft-Skills eines Gesundheitsmanagers gehören u.a. Empathie, Geduld und eine Sozialkompetenz sowie eine Kommunikations- und Teamfähigkeit. Zudem muss ein Gesundheitsmanager belastbar sein, Ausdauer besitzen, flexibel sein und konzeptionelle und analytische Fähigkeiten besitzen. Betriebliche Gesundheitsmanager sollten qualifizierte Fachkräfte sein, welche die Abläufe des BMG entwickeln, koordinieren und umsetzen.[32]

3.1 Vor- und Nachteile der direkten Unterstellung der Unternehmensführung

In einem Unternehmen mit einer Einlinienorganisation ist der Gesundheitsmanager direkt der Geschäftsführung unterstellt. Dieses Modell bietet die Vorteile, dass ein direkter Zugang zu den Führungskräften bzw. Abteilungsleitern besteht und der Kommunikationsweg direkt und kurz ist. Dies impliziert die Möglichkeit, zeitnah organisatorische Entscheidungen relevanter BGM-Maßnahmen zu treffen und vorzubereiten.

Der Gesundheitsmanager hat in seiner direkten Unterstellung der Unternehmensführung auch Anbindung zur Personalabteilung und Zugriff auf informative Mitarbeiterdaten. Unter Beachtung datenschutzrechtlicher Bestimmungen findet er hier wesentliche Informationen z.B. über den aktuellen Krankheitsstand der Mitarbeiter. Auch erhält er wichtige Daten zur Altersstruktur, den Fehlzeiten und dem Stand der innerbetrieblichen Wahrnehmung von Aus-, Fort- und Weiterbildungen.

---

[32] Vgl. Freelancermap Team (2022).

Nachteilig kann diese direkte Unterstellung sich auf das Vertrauensverhältnis der Mitarbeiter gegenüber dem Gesundheitsmanager auswirken, da diesem eine zu große Nähe an der Leitung nachgesagt werden kann. Ebenso können die Zugriffe auf die Mitarbeiterdaten in der Personalverwaltung eine Skepsis seitens der Mitarbeiter bewirken. Dies hängt sehr von der betrieblichen Gesamtstimmung in einem Unternehmen ab. Die Offenheit der Mitarbeiter gegennüber dem Gesundheitsmanager hängt sehr von dessen Transparenz der Belegschaft gegenüber ab und den Freiheiten, die ihm von der Unternehmensleitung – trotz direkter Unterstellung – gewährt werden. Andernfalls läuft diese Position Gefahr, in einer „Sandwichposition" an Ansehen und Vertrauen zu verlieren. Dies kann zudem auch zu einer Überbelastung des Gesundheitsmanagers führen, der zwischen den Vorgaben der Unternehmensleitung, finanziellen Zwängen, strukturellen Missständen und den Ansprüchen der Mitarbeiter steht. Diesem kann mit Handlungsbefugnissen seitens der Unternehmensleitung an diese Position entgegengewirkt werden.[33]

3.2 Der Steuerkreis und Beauftragter für das Gesundheitsmanagement

Die betriebliche Gesundheitsförderung ist freiwillig. Im Zuge zur Aufklärung der Mitarbeiter eines Unternehmens ist es sinnvoll, einen Steuerkreis zu gründen. Unternehmen ohne einen Steuerkreis leiden meist an einer schlechten Umsetzung von Gesundheitsthemen und Maßnahmen.[34]

Unter einem Steuerkreis versteht man einen Zusammenschluss aller gesundheitsbezogenen betrieblichen Stellen eines Unternehmens. Teilnehmer des Steuerkreises sind z.B. der Betriebsarzt, die Vertreter von Unternehmensbereichen (Führungskraft bzw. Mitarbeiter), der Betriebsrat/ Schwerbehindertenvertretung und ggf. je nach der Größe des Unternehmens auch der Kommunikationsverantwortliche.[35] Des Weiteren gehören die Vertreter

---

[33] Vgl. Ressortarbeitskreis Gesundheitsmanagement (2017), S.25.
[34] Vgl. Pfannstiel, Mehlich (2018), S.589.
[35] Vgl. Pfannstiel, Mehlich (2018), S.590.

der Krankenkasse, der Leiter des Arbeitsschutzes/ Fachkraft für Arbeitssicherheit dazu und weitere Personen, die den Erfolg des Gesundheitsmanagement im Betrieb sichtbar verbessern.[36] Ulich und Wülser nennen in ihrem Buch „Gesundheitsmanagement in Unternehmen" neun zentrale Aufgaben:

Ein Aufgabenbereich umfasst zunächst das „Erarbeiten einer betrieblichen Gesundheitsstrategie."[37] Des Weiteren muss ein Gleichgewicht im Unternehmen zwischen der Gesundheits- und Unternehmensstrategie sowie generell zwischen dem Gesundheitsmanagement und den bereits vorhandenen Managementinstrumenten bestehen. Ein dritter Aufgabenbereich stellt die Zuständigkeit dar, wer für welchen Aufgabenbereich verantwortlich ist. Zudem prozessiert der Steuerkreis gesundheitsbezogene Projekte. Als fünfte Aufgabe integriert der Steuerkreis die verschiedenen Arbeitsergebnisse aus der Gesundheitsberichterstattung und der Gesundheitsgemeinschaft. Ulich und Wülser geben als sechste Aufgabe die Priorisierung und Kontrolle der Umsetzung gesundheitsbezogener Maßnahmen an. Das Projektmarketing sowie die damit einhergehende Erstellung eines Informations- und Kommunikationskonzepts. Als letzten Aufgabenbereich des Steuerkreises zählt auch die betriebliche Entscheidung, externe Beratungsleistungen hinzuzuziehen, um z. B. eine unternehmensexterne Sichtweise einzubeziehen.[38] Zusammengefasst ist das Gremium verantwortlich, die BGM-Prozesse zu planen, zu leiten, zu lenken und Entscheidungen vorzubereiten bzw. zu treffen.[39]

Um alle relevanten BGM-Akteure in das Gremium des Steuerkreises mit einzubinden, ist es sinnvoll, Zielfindungsworkshops sowie Review Workshops methodisch mit einzubeziehen. Diese bieten eine Grundlage, ein gemeinsames Verständnis von Gesundheit zu erlangen.[40] Des Weiteren helfen zur Einrichtung

---

[36] Vgl. Ulich, Wülser (2015), S.135.
[37] Ulich, Wülser (2015), S.135.
[38] Vgl. Ulich, Wülser (2015), S.135-136.
[39] Vgl. Ressortarbeitskreis Gesundheitsmanagement (2017), S.29.
[40] Vgl. Pfannstiel, Mehlich (2018), S.591.

eines Steuerkreises folgende Kontrollfragen, die von dem Ressortarbeitskreis Gesundheitsmanagement aufgeführt werden:[41]

- Welche Entscheidungskompetenz hat das Gremium, wer ist stimmberechtigt und hat Entscheidungsbefugnisse?

- Wie werden Entscheidungen getroffen?

- Ist das Steuergremium befugt, direkt Arbeitsgruppen (z. B. Gesundheitszirkel) ins Leben zu rufen?

- Wie wird das Berichtswesen im Betrieb eingerichtet, d. h. wer berichtet wem wann?

- Wer ist für das Gremium verantwortlich (lädt ein, leitet die Sitzung, begleitet den BGM-Prozess zwischen den Sitzungen)?

- Wie oft trifft sich das Steuergremium? Die UVB empfiehlt ein Treffen pro Quartal.

- Welche Schnittstellen bestehen zum Arbeitsschutzausschuss oder wird ein gemeinsames Gremium bevorzugt?

- Wie wird die Zusammenarbeit mit anderen betrieblichen Bereichen gestaltet (z.B. BEM, Personalwesen, Qualitätssicherung, Umwelt, Hygiene u.a.)?

Durch die vom Gesundheitsmanager gesammelten Informationen und Analysen kann der Steuerkreis den aktuellen und zukünftigen Handlungsbedarf bewerten und prognostizieren. Grundsätzlich werden alle BGM-Maßnahmen erfasst und ausgewertet.

Der GM unterstützt den Steuerkreis beispielsweise bei der Benachrichtigung der Geschäftsleitung oder der Abteilungsleiter. Er dient als Vorarbeiter für den Steuerungskreis. Er holt Informationen ein, hierzu zählen die Meinungen von Mitarbeitern, er organisiert Besprechungen und steht als Vermittler zur Verfügung. Der Gesundheitsmanager informiert über eventuelle

---

[41] Ressortarbeitskreis Gesundheitsmanagement (2017), S.29.

gesundheitsbezogene Schwierigkeiten des Unternehmens, trägt die gesammelten Beschlüsse zusammen, gibt sein BGM-Wissen weiter.[42]

Der Steuerkreis kann z. B. eine „bewegte Pause" beschließen, die gesundheitsfördernden Angebote beinhaltet. Hierbei sollten auch die Führungskräfte einbezogen werden und teilnehmen, um als Vorbilder zu agieren und der weiteren Belegschaft zu signalisieren, dass diese Pausen von der Leitung unterstützt werden und sinnvoll sind. Meist werden externe Trainer hinzugezogen, die Yoga oder andere Fitnessübungen sowie Beratungsangebote anbieten. Auch die Bildung von Jogginggruppen, Massageangeboten, kurze Übungen am Sitzplatz oder autogenes Training im Büro gehören zu solchen Angeboten. Der Vorbildcharakter der Leitung und die Unterstützung solcher gesundheitsförderlichen Maßnahmen sind eine lohnende Investition in die Gesundheit der Mitarbeiter und auch für das innerbetriebliche Klima eines Unternehmens.

---

[42] Vgl. Meifert, M., Kesting, M (2004), S.155ff.

23

Anhang

Literaturverzeichnis

Backhausen, W. (2017): Coaching. Verlag: Springer Fachmedien Wiesbaden.

Bebenburg, M. (2008): Wege aus einem Labyrinth – Wie Beratung gelingen kann, 3. Auflage, Neu-Ulm.

Bengel, J., Strittmatter, R., Willmann, H. (1998): Was hält Menschen gesund? – Antonovsky Modell der Salutogenese – Diskussionsstand und Stellenwert. Köln: Bundeszentrale für gesundheitliche Aufklärung.

Bundeszentrale für gesundheitliche Aufklärung (2018): Präventionskampagne „Alkohol? Kenn dein Limit." Der BZgA: 50 Peers informieren bundesweit zu Risiken des Alkoholkonsums. Zugriff am 16.05.2022. https://www.bzga.de/presse/pressemitteilungen/2018-04-10-praeventionskampagne-alkohol-kenn-dein-limit-der-bzga50-peers-informieren-bundesw/.

Cernavin, O., Schröter, W., Stowasser, S. (2018): Prävention 4.0. Verlag: Springer, Wiesbaden.

Faltermaier, T. (1999): Subjektorientierte Gesundheitsförderung. Zur Konzeption einer salutogenetischen Praxis. In B. Röhrle & G. Sommer (Hrsg.), Prävention und Gesundheitsförderung. Tübingen: dvgt Verlag.

Franzkowiak, P. (2018): Bundeszentrale für gesundheitliche Aufklärung. BZgA Leitbegriffe. Krankheit. Zugriff am 08.06.2022. https://leitbegriffe.bzga.de/alphabetisches-verzeichnis/krankheit/.

Franzkowiak, P. (2022): Bundeszentrale für gesundheitliche Aufklärung. BZgA Leitbegriffe. Prävention und Krankheitsprävention. Zugriff am 16.05.2022. https://www.researchgate.net/profile/Peter-

Franzkowiak/publication/359711918_Pravention_und_Krankheitspravention_20 22_Version/links/624ac5725e2f8c7a0358a1c1/Praevention-und-Krankheitspraevention-2022-Version.pdf.

Freelancermap Team (2022): Was macht ein Gesundheitsmanager? Zugriff am 09.06.2022. https://www.freelancermap.de/blog/was-macht-ein-gesundheitsmanager/.

Hammelstein, R. (2006): Gesundheitspsychologie. Verlag: Springer Heiselberg.

Hurrelmann, K.; Klotz, T.; Haisch, J. (2014): Lehrbuch Prävention und Gesundheitsförderung. Aufl. 4. Hogrefe, Verlag Hans Huber, Bern.

Leppin, A. (2014): Konzepte und Strategien der Prävention. In: Hurrelmann, K., Klotz, Th., Haisch, J. (Hrsg.): Prävention und Gesundheitsförderung. Verlag: Hans Huber, Bern.

Lippmann, E. (2006): Coaching. Angewandte Psychologie in der Beratungspraxis. Verlag: Springer Heidelberg.

Meifert. M. T., Kesting, M. (2004): Gesundheitsmanagement im Unternehmen. Konzepte – Praxis Perspektiven. Berlin, Heidelberg und New York.

Menning, M. (2011): Die Zusammenarbeit des Patientencoachs mit anderen Gesundheitsprofessionen. In: Weatherly, J./Meyer-Lutterloh, K./Henke, A. (Hrsg.). Patientencoaching, Bonn.

Meyer-Lutterloh, K. (2010): Patientencoaching: innovativer Ansatz für mehr Effizienz im Gesundheitswesen. Zugriff am 18.05.2022. https://www.monitor-versorgungsforschung.de/Abstracts/kurzfassungen-2009/kurzfassungen-ausgabe-04-2009/patientencoaching-innovativer-ansatz-fur-mehr-effizienz-im-gesundheitswesen.

Michel, A., Bickerich, K. (2016): Berufliche Entwicklung steuern und Erfolg fördern: Mentoring und Coaching. In: Sonntag, K. (Hrsg.). Personalentwicklung in Organisationen. Psychologische Grundlagen, Methoden und Strategien. Verlag: Hogrefe Göttingen.

Ressortarbeitskreis Gesundheitsmanagement (2017): Gesundheitsmanagement. Zugriff am 14.06.2022. https://www.bmi.bund.de/SharedDocs/downloads/DE/veroeffentlichungen/them en/oeffentlicher-dienst/gesundheitsmanagement/schwerpunktpapier-ziele-und-strukturen-bgm.pdf?__blob=publicationFile&v=2.

Schmid, E., Weatherly, J.N., Meyer-Lutterloh, K., Seiler, R., Längel, R. (2008): Patientencoaching Gesundheitscoaching Casemanagement. Methoden im Gesundheitsmanagement von morgen. Verlag: Medizinisch Wissenschaftliche Verlagsgesellschaft (MWV).

SRH Fernhochschule (2016): Studienbrief. Individuelle Perspektive der Prävention.

Schröder-Kunz, S. (2019): Generationen (gut) führen. Altersgerechte Arbeitsgestaltung für alle Mitarbeitergenerationen. Verlag: Springer Wiesbaden.

Kallenbach, I. (2017): Business-Coaching- Definition, Methoden und Erfolgsfaktoren. Zugriff am 18.05.2022. https://www.openpr.de/news/961283/Business-Coaching-Definition-Methoden-und-Erfolgsfaktoren.html.

Pfannstiel, M.A., Mehlich, H. (2018): BGM-Ein Erfolgsfaktor für Unternehmen. Lösungen, Beispiele, Handlungsanleitungen. Verlag: Springer Wiesbaden.

Udris, I., Kraft, U., Mussmann,C., Rimann,M. (1992): Arbeiten, gesund sein und gesund bleiben: Theoretische Überlegungen zu einem Ressourcenkonzept. Verlag: Psychosozial.

Udris, I., Rimann, M. (2000): Das Kohärenzgefühl. Gesundheitsressource oder Gesundheit selbst? Strukturelle und funktionale Aspekte und ein Validierungsversuch. In Wydler, H., Kolip, P., Abel, T. (Hrsg.). Salutogenese und Kohärenzgefühl, Grundlagen, Empirie und Praxis eines gesundheitswissenschaftlichen Konzepts, Weinheim.

Ulich, E., Wülser, M. (2015): Gesundheitsmanagement in Unternehmen: Arbeitspsychologische Perspektiven. 6. Auflage. Wiesbaden.

Viehhauser, R. (2000): Förderung salutogener Ressourcen. Entwicklung und Evaluation eines gesundheitspsychologischen Trainingsprogramms. Regensburg: Röderer Verlag.

Weltgesundheitsorganisation (2014): Übersetzung, Verfassung der Weltgesundheitsorganisation. Zugriff am 08.06.2022. https://fedlex.data.admin.ch/filestore/fedlex.data.admin.ch/eli/cc/1948/1015_100 2_976/20140508/de/pdf-a/fedlex-data-admin-ch-eli-cc-1948-1015_1002_976-20140508-de-pdf-a.pdf.

Wirtz, M. (2017): Lexikon der Psychologie. (Aufl. 18.) Verlag: Hogrefe, Bern.